JN438322

날개는 꿈이 아니다

날개는 꿈이 아니다

| 김화숙 제3시집 |

도서출판 천우

시인의 말

나와 세상의 경계에는 시집이 있다. 한 권의 시집으론 거미줄보다 가느다란 인연밖에 만들지 못하지만, 거미줄이 두 줄 네 줄 늘어나다 보면 가로세로 더 촘촘히 짜지고 웅크린 채 기다리고 있던 거미가 곤충을 낚아채 포식하듯 언젠가는 반짝이는 감동 하나 잡아들고 굶어도 배부른 경지 그런 날이 오리라 상상하며 마냥 행복해하는 나를 본다.

나무들로 푸름이 안개처럼 자욱한 오솔길을 지나고 나면 하나하나의 나무는 기억나지 않지만 마음자리가 수평으로 살짝 옮겨지는 경험을 한다. 안 보이던 그 무엇이 보이고 좁디좁던 마음의 폭이 조금 넓어지는….

이 시집을 읽으며 밑줄 그을 곳은 없을지라도 읽고 나면 오솔길 건너온 듯 한 마음이 동하는 체험을 맛볼 수 있으면 좋겠다.

2019년 가을 동경에서

김화숙

제1부

깊어지는 방식

● 시인의 말

깊어지는 방식 — 13
가을인가요 — 14
가을 학교 — 15
가장 아름다운 사랑 — 16
고목에 꽃 피듯 — 17
공존 — 18
그것이 인생이다 — 19
날개는 꿈이 아니다 — 20
답 아닌 답 — 21
모순에서 길을 찾다 — 22
부추의 교훈 — 23
스타와 관중은 한 무대에 산다 — 24
시인의 삶 — 25
아픔이 없으면 감동도 없다 — 26
연꽃처럼 — 27
주먹의 의미 — 28
진리 앞에서 — 29
커피는 수다이다 — 30
평온에 이르는 길 — 31
신비한 밥상 — 32

제2부

고독의 집합

고독의 집합 _ 35
가을을 앓는 그대에게 _ 36
매니큐어를 지우며 _ 37
무덤에서 깨어나다 _ 38
바다의 생존 _ 39
비보 _ 40
빈 길 _ 41
삶과 죽음의 동거 _ 42
상처가 남긴 자리 _ 43
서해로 향하는 나이 _ 44
시간여행 _ 45
시바라기 _ 46
시인의 사랑법 _ 47
심감(心感) _ 48
여행 수첩 _ 49
여행은 그리움이다 _ 50
여행의 목적 _ 51
염좌의 고요 _ 52
자유인의 슬픔 _ 53
창작의 길 _ 54

제3부

디아스포라의 삶

디아스포라의 삶 __ 57
내 아버지 __ 58
눈을 감으면 __ 59
늙음의 미학 __ 60
동생이 보내온 사진 __ 61
매미가 우니 __ 62
목말 __ 63
빨간 구두가 되다 __ 64
사랑은 운명이다 __ 65
사랑하는 것 __ 66
서툰 문답법 __ 67
선물의 꿈 __ 68
아버지의 뒷모습 __ 69
아픈 이름 __ 70
인연의 강 __ 71
제자리 인생 __ 72
창밖의 나 __ 73
청춘의 눈 __ 74
화장술사 __ 75
환청 __ 76
환한 이름 __ 77
후반기 __ 78

제4부

극치

극치 __ 81
그리움의 크기 __ 82
길에서 만난 지렁이 __ 83
꽃을 피우기 위해 __ 84
도시의 숲은 하얗다 __ 85
마술사의 모자 __ 86
모자의 가르침 __ 87
봄비 연가 __ 88
봄에 내가 하는 일 __ 89
봄의 초대 __ 90
비상을 꿈꾸며 __ 91
사랑은 같은 길을 걷는 것 __ 92
시가 꽃이 되지 못하는 이유 __ 93
시인 __ 94
시인이 없는 세상을 꿈꾸다 __ 95
아름다움에 대한 접근법 __ 96
완성 __ 97
원석을 찾아서 __ 98
잎의 생애 __ 99
직선과 직경 __ 100
참새와 시 __ 101
파란 꿈 __ 102

● **해설** 깊은 성찰과 부활 그리고 비상 / 엄정자(수필가 · 평론가) __ 103

제1부

깊어지는 방식

깊어지는 방식

나무의 뿌리는
자기가 키우는 나무의
바깥 표정을 모른다
가지는 어떤 자세로 뻗었는지
잎들은 어떻게 춤을 추는지
사람들과는 어떻게 소통하는지
알 수가 없어 뿌리는
끝없이 상상할 뿐
상상의 힘으로 깊어진다

나의 시집을 읽고 싶어 하는
고마운 이들이 있어
정성껏 사인을 했다
시집을 받았을 때
어떤 표정을 지을까
시집을 읽어 내려갈 때
어떤 느낌일까
가끔은 밑줄을 그을까
그 상상의 힘으로
나도 안으로 점점 깊어진다

가을인가요

시집을 읽다가
얼굴에 가져다 댑니다
활자가 유혹을 해옵니다
올가을엔 우리 만날까
친구에게 문자를 보내려다
그만둡니다
바람에 시큰둥해진 나뭇잎도
빗물에 씻겨
마음을 비우기 시작하네요
욕망과 정열을 비우고
잘 익은 고독 뒤에 숨어
가을보다 낮은 음계로
노래하고 싶어요

가을 학교

청잣빛 하늘에서 진실을
가을걷이 한창인
땅에서 베풂을
붉게 웃는 잎에서 완성을
선선한 바람에서 흐름을
하나둘 옷을 벗어가는
나무와 숲에서 비움을
염색한 머리 밀고 나오는
새치에서 포기를
잘 크는 손주를 바라보며
감사와 만족을
실수투성인 내 삶을
돌아보며 반성과 용서를

가장 아름다운 사랑

낮과 밤이 자연스럽게
끌어안을 때마다
하늘은 타오르듯 붉다
해가 출근할 때 포옹하고
해가 퇴근할 때 포옹하지만
낮과 밤의 포옹은
영원히 새롭다
함께 살고 있는 사람이
운명임을 알고
서로를 통해 삶을 배우며
초심을 밝히는 사랑이
가장 아름다운 사랑이다

고목에 꽃 피듯

씨앗을 깨우듯 봄비는
무뎌진 감성의 선을
톡톡 튕겨줍니다
봄비 소리에 젖어
속눈썹 살짝 길어지고
솜이불처럼 두툼히
허리를 감쌌던 지방이
봄비에 눈 녹듯
흘러내리는 것 같습니다
고목에 꽃 피듯
외할머니가 된 내 몸에서
소녀가 봄을 물고
사뿐 나오고 있습니다

공존

빛이 그림자를 끌고 오지만
그 그림자를 없앨 수 있는 것은
오로지 빛뿐이다
사람 얼굴에 드리워진 그림자
다른 사람의 빛에 의해
만들어질 때도 있다
나보다 월등한 그를 바라보며
스스로가 초라해지기도 하는 법
그를 피하지 않고
그 빛에 다가서는 것
그 빛과 어울려 빛을 키우는 것
그림자를 이기는 길이다

그것이 인생이다

가을이라는 이유로
들에서 사라지는 것들
죽음이라는 이유로
삶에서 무너지는 것들
살아있으면서 그들을
내보내고 놓아주는 일
마음과 몸을 열어
흘려보내는 일
빈 들판을 바라보며
먼지처럼 웃는 일
비워야 삶이 완성되는
그것이 인생이다

날개는 꿈이 아니다

다리를 가졌으니
걷는 꿈을 꾸면 쉬웠을 텐데
날개도 없으면서
줄곧 나는 꿈만 꾸었다
날개를 가진 자들에게
나는 것은 꿈이 아니고
생존을 위한 몸짓이고
다만 화려하게 보일 뿐이다
제대로 걸음마 하는 법부터
다시 배워볼 참이다
대리석 같은 다리에 의지해
던져놓은 그물을 건져 올리듯
걸음이 담아내는 풍경을
시로 그려가면서
더 이상 날개가 꿈이 아닌
삶의 완성을 엿본다

답 아닌 답

후회 없는 삶이 어떤 거냐고
거듭 물어보는 딸에게
딱 한 번뿐인 생이라는 걸
순간도 잊지 않고 사는 것이라고
정작 나도 그러한 삶을
제대로 살아내지 못했으면서도
답 없는 답을 반복한다
살아오면서 나의 흔적들을
끝없이 버리며 살아왔지만
아무리 외면하려 해도
숙명처럼 따라붙는 낮달처럼
버려도 버려진 것이 아니었다
단 한 번뿐인 나의 삶
나도 답 아닌 답에 갇혀 산다

모순에서 길을 찾다

길을 가면서 길을 묻고
여행하면서 여행책을 읽고
사랑하면서 사랑을 의심하고
살아가면서 삶을 논하고
죽어가면서 죽음을 생각하고
먹으면서 먹을 걱정을 하고
운동하면서 건강을 염려하고
웃으면서 불안을 숨기고
오늘을 잘살고 있으면서
문이 열리지 않을 수도 있는
내일을 걱정하는
끝없는 모순의 삶이지만
그래도 길은 항상 있다

부추의 교훈

부추를 심었습니다
씨앗을 너무 촘촘히 뿌려
부추가 숲을 이루었습니다
전부 뽑아서
세 뿌리씩 다시 심습니다
한 뼘 자란 잎을
뿌리가 튼튼하게
자리 잡아 갈 수 있도록
다시 잘라 버렸습니다
부추를 키우면서
나의 삶도 상상해 봅니다
무성한 나의 시들이지만
한 편의 시라도 튼튼하게
뿌리를 내려서
부추처럼 나의 삶
곧추세우고 싶습니다

스타와 관중은 한 무대에 산다

우연히 유튜브에서
내가 태어나기도 전의
음악공연을 봤다
열광하는 관객들
내 감격도 함께
절정에 올랐을 쯤
막연한 생각 하나가
뇌리를 후려쳤다
무대 위아래
저 많은 사람들
쓰나미에 쓸려가듯
시간에 떠밀려
저세상으로 갔겠구나
같은 시대를 살다가
순번 없이 이별해야 할
주변의 많은 인연들
사랑하며 살고 싶다

시인의 삶

삶은 끝없는 대립이다
무능과 무지와의 싸움
늙음과의 고투
질긴 생명력을 가진
욕망과의 치 떨리는 몸싸움
일상의 삶을 벗고
시인의 옷으로 갈아입으면
뱀이 허물을 벗듯
보드라운 새살로
전쟁터로부터 빠져나온다
미풍에도 춤추는
길섶의 들풀처럼
작은 떨림에도 감동받는
시인의 삶은
대립으로부터의 이탈이다

아픔이 없으면 감동도 없다

사람을 만날 때
하나의 아픔과 만난다
인정하지 않는 사람일지라도
죽음의 순간까지 지고 가는
시지프스의 형벌과 같다
사람을 만날 때 난
무감각해지려 노력한다
나의 것을 몽땅 비워
속이 텅 빈 북이 된다
상대의 아픔은 나를 두드리고
북소리로 돌아가더라
꽃나무의 몸을 찢어
피어나는 꽃들처럼
감동은 통증에서 오며
아픔이 없으면 감동도 없다

연꽃처럼

구름이 하늘의 표정이듯
우울은 사람의 표정이다
어두운 늪의 바닥을 딛고
다시 일어선 사람에게는
이해와 용서와 평온이 있다
우울을 깨고 배어 나온 미소는
구름 사이로 내려 보는 햇빛처럼
육안으로 바라볼 수 있는
절제된 눈부심이다
내 안으로의 여행은 언제나
우울의 근원에 대한 탐구였다
죽음 직전까지 뻗쳤던
우울의 뿌리 그곳에 이르러
모든 것을 벗어놓고
환하게 핀 늪의 연꽃처럼
다시 꽃을 피워내고 싶다

주먹의 의미

아기는 주먹을 꼭 쥐고
세상에 태어난다
태어나서도 한동안
주먹을 쥔 채로 살며
손을 빨아도
손가락이 아닌 주먹을 빤다
갖고 싶은 것이 생기면서
손을 펴기 시작하고
사람들과 하나가 되기 위해
활짝 펴고 살아가지만
가끔은 알몸으로 태어난
그때로 다시 돌아가
두 주먹 꼭 쥐고
갖고 있는 모든 것을
삶에서 밀어내고 싶다

진리 앞에서

법정 스님이 그리워
길상사를 다시 찾아갔다
그의 무소유의 경지
상상으로도 닿기 힘들지만
나이가 들면서 부쩍
그가 생각난다
가지고 있는 것들을
훌훌 버리지는 못하더라도
더 이상 욕심내지는 말자
스님의 유골이 묻힌
작고 소박한 공간으로부터
맑은 육성이 들려온다
이승과 저승의 거리는
한 뼘 흙 두께에 불과한데
나와 스님 사이에는
아득한
산봉우리가 놓여있다

커피는 수다이다

커피잔을 마주하면
너는 조용히
앞자리에 와 앉으며
에구 또 블랙이네
한소리 꺼낸다
커피 들이키는 나를
물끄러미 쳐다보며
요새 시는 잘 써지는지
묻는 눈치이다
시를 억지로 쓰려고 하지 마
무심하게 지내다가 번쩍
빛 한 줄기 스쳐 갈 때
재빨리 받아 적으면 돼
또 시론을 쏟아놓는다
커피잔 바닥이 하얘지면
커피 향과 함께
홀연히 너도 사라지면서
시만 남아 유혹한다

평온에 이르는 길

강물은 바다에 이르고자
이름을 버려
바다라는 영원한 나라에 이르고
사람은 평온에 이르고자
욕심을 버려
자연이라는 영원에 이릅니다
승부에서 자유롭고
사람 사이에서 걸림이 없는
탈속의 경지에 이르면
자신이 하고 있는 일
할 수 있는 일 하고 싶은 일에
몰입할 수 있으므로
자연과 같은 사람이 됩니다
지극한 평온을 얻은 자는
다른 사람들에게
자연 같은 존재가 됩니다

신비한 밥상

때론 잘 차린 밥상보다
보자기로 덮어놓은
작은 밥상에
더 심장이 뛰기도 하는 법
말은 어눌하고
옷은 후줄근하고
지갑은 늘 비어있지만
너는 덮어놓은 밥상 같다
너를 만나
가난과 실패도
아름다울 수 있음을
신비로울 수 있음을 알았다
너란 밥상 앞에 앉아
이젠 보자기를 벗길 때

제2부

고독의 집합

고독의 집합

옆집 소음에서 벗어나려면
방이 더 크고
벽이 더 두꺼운 집으로
이사를 가면 된다
세상 소음에서 벗어나려면
자신 안에 넓고 깊은 고독을
들여앉히면 된다
고독의 공간이 커지면서
소음이 비집고 들어올 자리는 없다
홀로 하나의 세계를 이루는
예술하는 사람들의 매력은
작품 이전에 그들이 품고 있는
고독의 집합일 것이다

가을을 앓는 그대에게

가을을 앓는 그대여
걷기가 종교인 양 걸어요
우리가 서 있는 이 땅은
움직이는 별이랍니다
우리가 움직이지 않으면
생명의 에너지도
긍정의 에너지도
함께 걷지 않습니다
가을에 잡힌 그대와 난
우울한 낙엽이 아닌
파란 하늘을 향해
떳떳하게 서 있는 한그루
나무라고 생각해요
우리는 같은 별에 사는
한 가족이기에
함께 걸을 때만이
그대와 나의 가슴속에서
별은 반짝일 것입니다

매니큐어를 지우며

며칠 전 바른
빨간 매니큐어가
벗겨지기 시작했다
이대로 두면
어디까지 흉해질까
빨래하고 청소하고
사우나까지 다녀오는 동안
매니큐어 뭉개져가는
손가락을 보며
마음까지 너덜해지고
위가 아파오더니

툭!

도토리 떨어지듯
생각 하나가 떨어졌다
마음의 거처는
뇌도 심장도 아닌
위 주머니다

무덤에서 깨어나다

바다는 해의 무덤
죽은 해가 아니었더라면
그 많은 해를 삼킨 바다는
불바다가 되어 다시
해를 출산하지 못하겠지

밤은 나의 무덤
그렇지 않고서야 매일 아침
전날 흑백영화 같은 생이 아닌
새롭고 경이로운 나를
만나지는 못하겠지

바다의 생존

파도가 그치지 않는 것은
바다에 내려앉는 하늘을
밀어내려는 몸짓이다
바다 자신의 몸뚱이조차
지키기도 버거운 현실에서
온갖 잡동사니를 지고
안식을 찾아 달려온 사람들이
쏟아놓고 간 고뇌
원망과 억겁의 몸 그대로
뛰어든 인간들의 한
거기에 하늘의 무게까지
바다도 생물이기에
더 이상 안아주지 못하고
파도를 일으켜
살길을 찾으려는 것이다

비보

마흔이라는 나이에
딸 둘 남겨놓고
제자가 암으로 죽었다
냥이*가 물어 온
매미의 사체를 치우듯
죽음이라는 두려움을
밀어내기만 하던 내게
제자의 죽음은
비수가 되어 꽂혔다
죽음은 현실이며
삶과 동행하는 친구이기에
누군가의 죽음은
삶의 손실이 되지만
내 삶을 견고하게
무장 시켜 주기도 한다

*냥이 : 필자의 집에서 기르는 고양이 애칭.

빈 길

얼마나 많은 사람이
지나갔으면 길이 되었을까
가고 오는 사람은 많아도
사람을 담을 수 없는 길은
늘 비어있다
바닥을 드러낸 강처럼
삶이 다 빠져나가고 남겨진
허물로 누운 텅 빈
예외일 수 없는 인생길

삶과 죽음의 동거

죽음을 기억하는 것
그리고 선하게 사는 것
톨스토이식 죽음의 극복법이다
내일 죽을 수도 있고
오늘 죽을 수도 있다
지금 이 순간일 수도 있다
그럼에도 나는 살아있다
축복이고 기적이다
짬만 나면 걷고 뛰며
몸을 챙기는 내게
얼마나 오래 살려고
그리 애를 쓰느냐 묻는다
삶과 죽음이 한 몸임을 알기에
살아있는 시간을
긍정과 활기, 감동과 창조로
채워감으로서 죽음을
극복해 가고 싶은 것뿐이라고
대답을 해주고 싶다

상처가 남긴 자리

산행하다 봉분을 만나면
짐짓 돌아가게 된다
내가 좋아하는 할미꽃은
하필이면 그 옆에서
더욱 환한지
지구에게 봉분은
우리 몸의 모기가 문 자리 같겠지
친구와의 인연을 끊어
가슴 한 자락에 묻었으나
피해갈 수 없는 봉분이 생겼다
내가 산만큼 커지면
이 봉분도
모기가 문 자리가 되겠지

서해로 향하는 나이

동해는 말씀을 뱉기만 하고
서해는 말씀을 삼키기만 한다
할 말이 많아 주체를 못 하던 나는
늘 동해만 찾았던 것 같다
뒷모습에 신경 쓰이기 시작하면서
서해를 찾기 시작했다
뿌려 놓았던 빛을 깨끗이 끌어모아
조용히 쓰러져가는 서해처럼 나도
살면서 어질러 놓은 흔적들에
책임질 나이를 피할 수 없게 됐다
동해보다 서해를 찾게 되는
이유를 이제야 알 것 같다

시간여행

한발 한발 길을 가듯
하루하루 살아왔기에
시간여행이란
살아버린 어느 구간을
거슬러 걸어보는 일이라 여겼다
문학의 길을 돌아보며
두문불출 고민하다가 알았다
시간여행이란
수직으로 내려가는 일
생의 뿌리 끝까지 내려가
실뿌리 하나하나까지
살펴보는 일
삶의 열정과 의욕을
충전시켜줄 그 무엇을
다시 찾아가는 길임을

시바라기

죽음을 마중 가느라
죽음을 먹고
사랑에 배신당하려
사랑을 하고
자식에게 밀려나고파
자식을 키운다

시는 밥이 아닌 술
도보가 아닌 춤
고독에 술을 타고
외로움에 춤을 달고
시만 바라보며 사는
운명적 시인의 삶

시인의 사랑법

당신을 그리워하기 위해
당신과 헤어집니다
당신과 헤어지지 않기 위해
시를 씁니다
한 편 한 편의 시는 짧지만
짧은 시를 마디마디 이어서
인연의 끈을 만듭니다
당신의 숨결과 정성이
줄을 타고 빛처럼 전해오면
나는 턱을 고이고
하늘을 올려다봅니다
사랑이란 단어를
목련꽃처럼 하늘에 씁니다

심감(心感)

종일 밖으로 나돌다
기진맥진 집에 들어오면
냥이는 아무 말 없이 다가와
엉덩이를 내 몸 아무 곳에
들이대고 앉는다
삼복더위의 무례한 치근거림도
감당이 안 되는데
냥이의 행동이 달가울 리 없지만
이상하게 따뜻한 체온이
바람 되어 파고들었다
더위와는 또 다른 따뜻함에
메슥거리던 내 맘 풀려
체감이 아닌 심감을
경험하는 순간이다

여행 수첩

이번 여행길에는
한 권의 책도 가져가지 않으리
사진기와 선글라스도 두고
일상의 번뇌도 고스란히 남겨두고
애오라지 나만 가지고 떠나리
노래를 들으면서
가사를 기억하려 애쓰지 않듯
음식을 먹으면서 영양분을
따지지 않고 먹듯
음악처럼 음식처럼
오로지 산과 들을 맛보고 오리
눈동자까지 파랗게 물든
젊은 나무가 되어 돌아오리라

여행은 그리움이다

며칠 여행을 다녀와
막 문을 따고 들어선 내게
냥이는 달려오지 않고
그 자리에서 앞발로 바닥을
빡빡 긁으며
짜증스런 목소리로 웁니다
누가 저토록 애타게
나를 기다린 이가 있을까
언제 내가 지토록
누구를 기다린 적이 있는가
남에게 보여주기 위한
밝은 표정 뒤에
완고한 노인의 앙다문 턱처럼
굳건히 닫혀있는 마음을
열 수 있을 정도의
간절한 그리움을 찾아
닫힌 문을 바라보며
다시 여행을 꿈꾸는지도

여행의 목적

도시에서 오래 살다 보면
벙어리가 된다
기계 소리 전철 소리
사람들의 말소리
어쩌다 비가 와도
스며드는 소리가 아닌
달려드는 소리로 전해온다
소음에 보탤까 두려워
입을 다물고 살지만
자연의 소리를 찾아 떠나면
풀벌레 소리 파도 소리
숲속을 지나는 바람 소리
풍경 소리 새 소리
자연의 소리가 마중물 되어
고갈되던 내 안의 소리가
꾀꼴새 노래되어 흘러나온다
여행의 목적은
내 안의 소리를 깨우는 일
살아있음을 감지하고
감탄하고 축복하는 일

염좌*의 고요

누군가 나의 시를 읽고
칭찬을 아끼지 않을 때
시인이어서 다행이구나
호들갑 떨어대는 나를
점잖게 바라보기만 하는 염좌
폭설을 견디고 꽃을 피우느라
가지마다 소나무껍질처럼
툭툭 터진 몸을 하고는
눈만 껌뻑이며 나를 봅니다
염좌꽃을 찍어
친구들한테 보내느라
요란하게 부산을 떨 때도
염좌는 고요함을 잃지 않고
안으로 안으로
향기를 불러들였습니다

* 염좌 : 다육식물로 관상용으로 키움.

자유인의 슬픔

자유인이라고 외치는 나는
알고 보면 그림자의 포로
길어졌다 짧아졌다는 하지만
한 시도 떨어질 줄 모르고
따라오는 그림자
그림자에 자유로워지기 위해
그림자보다 더
어두운 곳으로 들어가
스스로 어둠이 되어야 하는

창작의 길

시상이
도토리 떨어지듯
톡
머리 안에 떨어지면
사춘기 소녀처럼 화들짝
상상은 부풀어 오르고
시상이 시어로 몸을 바꾸어
비단결같이
곱게 빠져나가고 나면
바람 빠진 타이어가 되어
책상 앞에 한동안
우두커니
구겨져 있다

제3부

디아스포라의 삶

디아스포라의 삶

나무의 뿌리는
땅속 흙을 먹고 살고
비의 주소는 하늘이지만
그 뿌리 또한 땅에 있다
나는 나의 뿌리를
어디에 내려놓을지 몰라
늘 가지고 다닌다
디아스포라의 삶은
어디를 가든 이방인이기에
뿌리 내릴 곳을 찾아
방황하며 산다
나의 뿌리는
꼬리인 양 잘 숨겨져
안으로 길을 낸다

내 아버지

네이버에서 김화숙 시집을 입력하면 내 시집들이 뜹니다
문단에 데뷔하면서 문학적 감각이 있는 필명을 지으려고도 했습니다
오래전 돌아가신 아버지가 혹시라도 나의 시를 못 찾을까 봐
아버지가 지어준 본명으로 시인이 되었고 시집도 냈습니다
언어를 잃으면 민족을 잃는 것이다 습관처럼 말씀하시며
중국 조선족 잡거지구에다 조선족학교를 세워 평생을 지켜온 한글입니다
내가 한국말을 잘한다고 칭찬받을 때마다 모든 영광을 아버지께 돌립니다
내가 한글을 사랑하는 것은 아버지 평생 삶의 흔적을 지키는 일이고
민족을 사랑하는 것이며 아버지를 사랑하는 것입니다

눈을 감으면

지금껏 살아오면서 늘
소리 나는 쪽으로
눈길을 돌렸었지만
이젠 소리는 귀에 맡기고
자주 눈을 감는다
감은 눈으로
내 안에 길을 낸다
아버지가 가꾸던
텃밭을 날던 나비며 잠자리
교실 난로에다
고구마를 구워 먹던
유년의 친구들
사라져간 고향마을을
마음속 산책길에서
다시 만난다
사라진 것은 없고
단지 이사를 한 거였어

늙음의 미학

여행 다녀오는 길
지쳐 잠든 외손주를
들쳐 업고 걷습니다
손주가 성장한 만큼
할머니도 늙었습니다
등 뒤 외손주의 무게가
그것을 말해 줍니다
성장과 늙음이
순수하게 만날 때
나는 화장을 안 합니다
지금 이 순간도 나는
기쁘게 늙어갑니다

동생이 보내온 사진

울산 사는 동생이
간절곶 일출 사진을 보내왔다
소금 먹은 바닷바람이
몸통을 통과하더니
날개 떨어진 곳이
몇 번 파닥거렸다
간절곶을 가보지 않았더라면
간절의 의미와 새날의 기운을
사진 몇 장에서
되새김질을 못 했을 것이다
그곳에 다시 서 있지 않더라도
언제나
나의 간절한 기도이며
하루를 시작하는 힘이다

매미가 우니

한국으로 고국 여행 갔을 때
이촌역에서 전차를 기다리다
올여름 첫
매미 우는 소리를 들었습니다
어제는 집 근처 단골 밥집에서
점심을 먹고 나오다
매미 울음소리에 화들짝 했습니다
매미의 절규는
고국의 하늘을 끌어왔고
이촌역을 통째로 옮겨왔고
그날 옆에 있던 당신을
보쌈해서 데려다 놓았습니다
매미는 지칠 줄 모르고
바닥을 기고 있던 매미를
길섶 나뭇가지에 올려주던
동년의 나를 불러왔고
그늘 밑에서 먼지 날리며
공기놀이하던 친구들을
다시 불러 모아주었습니다
매미 울음소리는
밤비처럼 내 삶에 깊이 내려
잠자고 있던 지난 추억들이
하나둘 일어나 내 옆에 앉습니다
매미가 우니 나는 웃습니다

목말

화살처럼 등 뒤에
꽂혀있는 눈길이 있다
길다면 긴 세월
그 눈길로부터
자유로워진 적 없다
삶이 벽에 부딪혀
주저앉고 싶을 때마다
그 눈길은 나를
일으켜 세워 앞으로
나아가게 했다
이제는 그 시선이
나의 등을 타고 올라
더 먼 세상을
바라볼 수 있도록
등을 더 굽혀야겠다

빨간 구두가 되다

쉰다섯 생일을 맞아
빨간 구두를 샀다
쉰다섯 되니 몸이 가더라는
선배 말에 대한 거부였으리라
설렘과 격정이 경쟁하는
청춘을 불러오고 싶었으리라
세월을 거슬러보겠다는
다짐이며 바램이었으리라
내가 빨간색을 선택한 것이 아니라
그가 나를 선택했으니
그가 가는 길을 따르리라
빨간빛의 세상 나들잇길에
그와 한 몸이 되어
열정과 설렘으로 살리라

사랑은 운명이다

매일 만 보를 걷지만
계단을 내려갈 때 말고는
두 다리의 움직임을
의식하지 못하고 지냅니다
몸살이 와서 내쉬는 숨이
뜨겁게 느껴질 때 말고는
내가 호흡을 하고 있음을
망각하고 삽니다
죽어 자연으로 돌아가기 전에는
내가 자연의 일부임을
깨닫지 못합니다
그럼에도 불구하고
당신은 내 운명임을 압니다
아득히 떨어져 있음에도
나는 늘 당신과 같이 걷고
함께 숨 쉬며 사니까요

사랑하는 것

사랑하는 것은
관심을 갖는 것
바라보는 것
오래오래 바라보다
너와 한 몸이 되는 것
너의 눈으로
나를 바라보는 것

사랑하는 것은
내가 너에게로 확장되는 것
너를 내 중심에 세우는 것
너로 인해 내가 사라지고
너로 인해 내가
다시 태어나는 것

서툰 문답법

– 왜 시인이 됐어
– 행복하려고
– 행복이 뭔데
– 자신 있는 일을 하며 사는 것

– 진짜 궁금해 젊음의 비결은 뭐야
– 시인
– 시인이면 안 늙어
– 늙어도 좀 천천히 늙지 않을까
시심이 곧 천심(동심)이니까

– 행복의 비결은 뭐라고 생각해
– 몰입
– 그럼 몰입의 비결은
– 단순해지는 것, 삶도 생각도

– 격 있는 삶이란
– 사랑하는 삶
– 사랑하는 삶은 또 뭔데
– 이해타산이 없는 삶

선물의 꿈

립스틱을 선물 받았다
그 립스틱 바를 때면
친구가 생각나고
그녀와 함께했던
기쁜 시간이 생각나고
내게로 걸어오던
친구의 꿈이 생각나고
그녀와 나의 꿈이
어울려 함께 춤추던
그날이 기다려지고
오늘도 그날을 걷는다
립스틱 다 닳기 전에
그 꿈들이 웃어줄
그녀를 만나러 가야지

아버지의 뒷모습

화분에 심어놓은 고추를
물끄러미 내다보며
담배 피는 동생은
집터를 일구어 만든
몇 이랑 고추밭 옆
쪽걸상에 앉아
엽초를 말아 태우시던
아버지 뒷모습과 닮았다
아버지의 침묵과 수심을
동생이 이어받았구나
아버지 돌아가신 나이를
내가 살고 있으면서
동생한테 비쳐진
아버지 뒷모습을 넘어서
아버지 시선 끝에 붙들린
내려놓은 삶이 아닌
생의 속절없음을 본다

아픈 이름

물은 말이 없는데
그의 흐름은 노래가 된다
그 사람의 이름은
나를 깨우고 흐르게 하여
삶의 찬가를 부르게도 하지만
먼 과거로부터
아득한 미래에로의 장정
그 어느 거리에서
춤추며 걷고 있는 나를
깨닫게 해주는
아픈 이름이기도 하다

인연의 강

목숨 걸었던 사랑을 잃고도
죽지 않고 살아있고
운명이라 믿었던 우정이
돌아서는 뒷모습도
여러 번 훔쳐봐야 했다
살면서 받는 많은 상처가
혈육의 손길일 수도 있고
청춘을 바쳐 사랑한 제자가
타인보다 더 서먹하게
느껴질 때이기도 하지만
늘 삶을 사랑과 감사로
채울 수 있는 것은 인연이
강물처럼 흐르는 액체라는 것
오늘의 인연이 흘러가면
내일의 인연이 스며드는 것을
알고 있기 때문인지 모른다

제자리 인생

걸어도 걸어도
발자국 하나 생기지 않는
콘크리트 길을 걷고
달리고 달려도
한 치 앞으로 나아가지 않는
러닝머신 위를 달리고
장미를 보고 있는데
갑자기 왜 낙타가 나타나는지
읽어도 읽어도
판독할 수 없는 시를 읽고
닿을까 닿을까
닿지 못하는 사랑마저
춤사위만 어지럽다

창밖의 나

가을 나뭇가지 치기가
한창인 창밖
큰 가위의 춤사위로
나뭇가지들이 잘리는 동안
따듯한 커피 한 잔에
시 몇 편 읽고
리필한 커피를 다시 마시며
명상 두어 줄

나무는 나를 바라보고
같은 생각을 하지 않았을까
생각에 붙들린 동안
너와 나의 삶에서 잘려 나간
시간의 유언들을

청춘의 눈

몸이 제법 늙었다고
주름과 기미가 정색을 합니다
불과 몇 년 전 사진들도
그리 말을 해옵니다
한 달이 멀다 염색하는 흰머리
하지만 몸보다 마음이
더 늙은 것 같아 아파요
자는 사람은 깨울 수 있어도
자는 척하는 사람은
깨울 수 없다고 하잖아요
어른인 척 점잖은 척
이젠 그만하고 살래요
철없다고 흉보실지 몰라요
나만의 청춘의 눈으로
세상과 사람들을 보렵니다

화장술사

정성들여 화장을 한다
화장의 마무리로
빠알간 립스틱을 바른다
문장의 맨 끝에 찍는
마침표처럼
비밀 많은 한 생의
화려한 상여의 끝처럼

한 생을 행복하게 살리라
장담할 수는 없지만
하루 혹은 한 시간을
행복하게 살 자신은 있다
나를 변화시키고
행복한 나를 만드는 것은
화장술사가 되는 것이다

환청

제초기가 지나간
풀밭을 지나다
풀냄새에 취해 귀가한 저녁
책을 읽다 문득
풀의 피비린내는
다른 풀들에게 전하는
위험하니 고개 숙이라는
풀들의 비명인 것을 알았다
여직 듣기지 않았던
아니 어쩌면 외면하고 싶었던
내 민족들의 피맺힌
절규도 함께 들렸다
우린 한 핏줄이니
함께 살아야 한다고

환한 이름

오랜 풍상의 세월을 겪으며
서서히 내려앉은 땅 위로
드러난 나무뿌리처럼
청춘이 빠져나간 손등에
툭 불거진 푸른 힘줄처럼
집착을 내려놓은 생 위에
그대 이름 환하게 올라왔네
내 생을 통과한 사람
지나다 그대로 남은 사람
지금도 나에게로 오고 있는 사람
뿌리와 힘줄이 생명줄이듯
내가 부를 수 있는 이름
내 여생의 생명줄이 되어줄
그대의 이름 환한 이름이어라

후반기

일본에 건너와 쭈우욱
두 손 물 마를 틈 없었던
한식집 마담
가게를 접는다는 소식
풍문으로 들려왔다
우연히 만났을 때
나 시골로 이사 가
집세가 이곳보다 반은 싸
안타깝고 아쉬운 마음에
시집 한 권 드렸더니
고맙다며 그래도 가끔
커피 마시러 올께 한다
고국이 아닌 시골로
저무는 삶을 끌고 가는
또 하나의 나를 본다

제4부

극치

극치

사랑이 얼마나 위태로우면
결혼이란 울타리를 만들어
가두어 놓을까
죽음이 얼마나 두려우면
종교를 만들어
윤회를 꿈꿀까
삶이 얼마나 허망하면
시인이 되어
고독에 의미를 부여하고
생의 완성을 시도하려 할까
결혼도 종교도 시인도
어떻게 보면 허상일 수 있다
극치를 향한 삶은
욕심이기 전에 본능이다

그리움의 크기

세상에서 바다보다 더
탐욕스런 입은 없다
모든 강물을 탐내는 바다는
깨끗한 물 더러운 물
가리지 않고 받아먹는다
파도가 해안을 향한
질주를 멈추지 않는 것은
그들의 고향인
산과 강에 대한 그리움을
떨칠 수 없어서이다
가끔은 빛줄기를 타고 올라
고향 위를 맴돌다가
그리움만 더 키우고 만다
바다는 모든 강물의
그리움의 도가니다
사랑을 잃고 그리움에 빠져
생과 사의 경계에 선 사람들이
바다를 찾는 이유는
큰 그리움이 작은 그리움을
담을 수 있기 때문이다

길에서 만난 지렁이

길에 나와 말라죽은
지렁이를 보았다
그가 살던 흙 속에서는
실종된 그를 찾느라
가족들과 동네 지렁이들이
발칵 뒤집어졌겠네
땅 밖의 세상이
얼마나 궁금했으면
발도 없이 몸뚱이만으로
길을 만들었을까
손가락만 한 나뭇가지로
그가 떠나온 곳으로
고이 되돌려 주었다

꽃을 피우기 위해

떠날 때 비우면 뭐 하나
살아있을 때 비워야지
떠날 때 놓아주면 뭐 하나
살아있을 때 놓아줘야지
쓸어내고 닦아내도
끝없이 쌓이는 먼지처럼
끝없는 욕심과 집착
오늘이 생의 마지막인 것처럼
버리고 비우는 길만이
나의 중심을 볼 수 있고
죽음 앞에서 나만의
꽃을 피워 낼 수 있다

도시의 숲은 하얗다

함박눈이 내립니다
건물 사이사이를
빈틈없이 내립니다
모래로 쌓아올린
내가 사는
도시에서의 자연이란
건물과 사람들의 표정
눈이 숲을 만들고 있습니다
백석은 눈 내리는 밤
흰 당나귀를 타고
산골로 찾아가지만
나는 함박눈을 타고
도시 숲을 걷습니다

마술사의 모자

모자를 선물하며
처음으로 시인이라고
불러준 이가 있다
이 모자를 쓰면
나는 시인이 된다
사소한 일상들이
스스로 낯설어지고
놀란 의미가 되어
나를 유혹한다
수런수런 그들만의 소리가
옷을 입으면서
저들도 나에게 선택되어
시가 되려나 보다
이 모자는 나를
시인으로 변신시키는
마술사의 손인가

모자의 가르침

안과 밖이 모기장처럼
많은 문을 가진 내 모자는
바람이 부는 날에도
끄떡없습니다
내 삶에도 작지만
많은 문을 열어 놓기로 했습니다
세상의 많은 바람을
무서워하지 않고
반기고 때로는 흘려보낼 수 있는
열린 문을 가지고 살려고요
모자를 눌러 쓰는
나의 손에 자신이 넘칩니다

봄비 연가

산과 들을 찾아
봄을 노래하던 빗 님이
고맙게도 내가 사는
이곳에도 찾아와
똑똑똑 내 마음을 두드린다
선택된 땅을 걷고 있는 나도
봄에게 선택된 존재
우산 밖으로 손을 내밀어
비 오는 풍경을 만진다
꽃이 경계에서 피어나듯
풍경과 나 사이에
꽃처럼 시가 피겠다

봄에 내가 하는 일

잔치하듯 피어나는 들꽃들을
축하하며 바라보는 일
바라보고 있다가
꽃들의 유혹에 넘어가는 일
나도 꽃이 되어
사람들을 부르고 유혹하는 일
사람들 가슴을 불러다
꽃을 달아주는 일
세상을 꽃밭으로 만드는 일

봄의 초대

봄이 북치고 꽹과리 치며
축제처럼 다가오고
그의 콧바람이 스쳐 가는 곳마다
연둣빛이 안개처럼 번지네
봄은 눈으로 들어와
나를 물 들이고
코로 들어와 나를 꽃 피우네
친구 몇 불러
봄 마중 떠나기도 전에
봄의 포로가 되어버린 나는
산소 같은 시들만
폭포처럼 시시시시 웃네

비상을 꿈꾸며

길이 끝나는 곳은
천 길 낭떠러지일 것이다
바닥으로 떨어져
모래알처럼 흩어지지 않으려면
끝을 만나기 전에
날개를 키워야 할 것이다
반쯤 곤두박질치다가
스스로 날개를 펴
우주를 들어 올리는
비상을 상상해 보라
온 우주가 품 안에 들어오고
온 우주에 음악이 흘러나오면
스스로 우주가 된 기쁨에
자유를 만끽할 것이다

사랑은 같은 길을 걷는 것

후배가 살고 있는 역에 내려
전화를 하고 나서
조금이라도 일찍 만나고파
그녀가 걸어올 길을 따라
마주 걸었습니다
그녀의 그림자가 보이기도 전
그의 향기와 인품과 빛이
앞장서서 나에게로
다가오고 있었습니다
나의 정신이 맑아졌고
세상 소음에서 벗어나
주변 사물들이 어느 때보다
사랑스러워 보였습니다
후배에 대한 깊은 애정이
나 자신을 위한 일이었음을
새삼 깨닫는 시간이었습니다

시가 꽃이 되지 못하는 이유

스무 해 가까이
염좌를 키우고 있습니다
겨울 추위를 피해
집안에 들여다 놓았을 때
잎은 두텁고 컸지만
꽃을 피우지 않았습니다
귀찮아 베란다에 그대로 두고
물도 제대로 주지 않았을 때
염좌는 꽃을 피웠습니다
폭설로 눈 속에 묻혔던 해
꽃을 가장 많이 피웠습니다
염좌에게 꽃은
춥고 목이 말라 죽을 수도 있다는
절실함의 언어였습니다
내 시가 아직
꽃이 되지 못하고 있는 것은
나의 방황과 고독의 깊이가
땅에 닿지 못했나 봅니다

시인

시를 좋아하는 것은
그의 쓸모없음이 좋아서다
시가 밥도 옷도 되지 않고
그저 놀이 같아서 좋다
시 놀이를 즐기다 보면
일상에서의 아등바등
질투와 분노까지
내 삶 자체마저도 어느 순간
쓸모없어져 버린다
세상이 나에 대해
기대를 하지 않을 테니까
나는 아이가 되어
놀이에 몰입하고 즐기는
놀이의 선수인 것이다

시인이 없는 세상을 꿈꾸다

동네 마지막으로 남아있던
사진관이 문을 닫았다
핸드폰을 들고 있는 사람은
모두가 사진사인 시대다
일부러 돈을 내고
사진 찍는 시대는 사라졌다

물욕에 곰팡이가 피고
경쟁이란 말만 들어도
알레르기가 돋는 시대가 오면
사람들은 밖으로 향하던 시선을
내면의 세계로 돌릴 것이다

사람마다 사진사가 되듯
사람마다 시인이 될 것이다
모든 사람이 시인이 되면
시인이란 말도 사라질 것이다

아름다움에 대한 접근법

동물이든 식물이든
아름다움은 구애의 이유이다
사랑의 존재를
유혹하는 입체적 향기이다
사랑의 눈으로 살펴보면
시작과 끝이 척주같이
오묘함으로 관통되어 있음을
깨닫게 되고
깊이 숨겨져 있는 아름다움을
찾아내어 즐길 수 있다
사랑하는 마음은
아름다움이 숨겨진 장치를
찾아가는 열쇠다

완성

오므렸던 입술을
더는 벌릴 수 없을 만큼
활짝 핀 들꽃
태어날 때 꼭 쥐고 있던 주먹을
힘껏 열어 늘어뜨린 손

화강암 같던 내가 깨지고
그곳에 우리가 들어서는 일
번뇌의 삶이
천길 벼랑 같던 사색의 길에
돌 하나가 똑 떨어지듯
얻게 되는 단순함

원석을 찾아서

시인은
배우고 성장하는 과정에서
얻은 깨달음을
시로 풀어내면서
자신 안에 더 넓은
공간을 만든다
시인의 공간에 들어온 세상을
분리수거 하다가
가끔 만나는 원석이
시로 쓰여 지고
시로 변신한 원석의 미소는
독자의 품에서 보석으로
또 한 번 변신한다

잎의 생애

온몸으로 햇살을 막아
폭염 속 시원한 그림자를
만들어 주더니
미련 없이 내려와 쌓여
겨울을 걱정하는 땅의
포근한 이불이 되어주네
꽃이 아니어서
칭송 한번 받지 못하고
과일이 아니어서
사랑 한번 받지 못하지만
열심히 푸르렀고
후회 없이 떨어지는
잎의 몸짓이 없었더라도
꽃이나 과일이
사랑받는 삶이 되었을까

직선과 직경

지금의 나와
인생의 종점에 서 있는 나
이 두 점 사이는
직선이 아닌 직경이기를
직경으로 형성된 원
그 원심에 도착했을 때
펼쳐지는 세상의 에너지가
원심력으로 모이면
그 에너지로 내 심장에
찬란한 깃발을 꼽고 싶다
받은 에너지를 확장해
원 안의 사람들에게
시로 되돌려줄 수 있는
순수한 흐름이고 싶다

참새와 시

전선을 들이려다
관두면서 남겨진
벽 구멍에
참새가 들어와 살면서
참새가 죽은 벽의
심장이 되었다

구멍 난 가슴에
바람만 드나들더니
어느 날부터
그곳에 시가 들어와
집을 마련했다
가슴 뛰는 소리가
맑아져 가고 있다

파란 꿈

물고기가 과일처럼
나무에 달렸으면 좋겠다
입을 동그랗게 하고
물을 마시듯 공기를
마시는 것을 보고 싶다
새가 꽃처럼 나뭇잎 사이에
피어 있으면 좋겠다
꽃향기가 공기 속을 퍼져나가듯
뭇 새들의 지저귐이
공기 속에서 꽃을 피우면 좋겠다
나는 동네 입구에 서 있는
소나무였으면 좋겠다
사철 파란 옷을 입고
세상을 젊게 하고 싶다

깊은 성찰과 부활 그리고 비상

엄정자(수필가 · 평론가)

김화숙 시인은 2014년 한국 월간『문학세계』의 신인문학상에 당선되면서 한국 시단에 등단하였고 그다음 해인 2015년 9월에 도서출판 천우에서 시집『아름다운 착각』을 펴냈다. 2년 후인 2017년에 제2시집『빛이 오는 방식』을 펴냈고, 한국에 본부를 둔 (사)세계문인협회가 주최한 제12회 해외작가 시 부문 대상을 수상했다. 그리고 또 2년이 되는 2019년에 제3시집『날개는 꿈이 아니다』를 펴낸다.

이제는 당당히 한국문단에 발을 붙인 김화숙 시인은 출신 경력상 남다른 특징을 가지고 있다. 중국 심양에서 태어난 이민 3세이고 1999년에 일본에 이주하여 현재 도쿄에 거주하고 있는 재일교포이기도 하다. 그런 그녀가 한국 문단에서 등단하였고 수차 문학상을 수상하였고 6년이라는 짧디짧은 시간 안에 3권의 시집을 펴냈다는 것은 한국문단에서도 중국조선족문단에서도 찾아보기 힘든 특이한 예이다. 그는 한국, 중국, 일본, 세 나라를 어우르며 '혜성' 같이 한국문단에 나타난 별 같은 시인이다.

제3시집을 준비하면서 시인은 이렇게 말했다. "내 안에 기쁨의 샘이 있다면 여직 써낸 글들은 윗물을 퍼낸 것에 불과할 것이다. 샘의 깊은 물이 이제야 서서히 올라오고 있는 느낌이다. 조만간 삶의 근본적인 의미에 대한 성찰이 깃든 시가 탄생하지 않을까 기대해 본다."[1)]

이렇게 만들어진 제3시집이 드디어 세상에 탄생을 고했다.

시집을 앞에 두고 시인의 깊은 성찰을 거쳐 영혼의 가장 깊은 곳으로부터 솟아오른 시들은 어떤 시들인지, 그 시들에는 어떤 삶의 이야기가 담겨 있는지, 두근두근 기대감에 심장이 뛰고 마음이 부풀어 오른다. 이제는 성숙 단계에 들어선 김화숙 시인, 이제부터 그의 시 세계에 한번 깊이 빠져보려고 한다.

시로 시를 말하는 시인

우선 그의 시 「목말」을 읽어보면 그가 왜 시를 시작하게 되었는지를 알려주는 키워드가 보인다.

화살처럼 등 뒤에
꽂혀있는 눈길이 있다

1) 김화숙 「나의 문학관」 『문학세계』 2019년 2월호 45페이지.

길다면 긴 세월
그 눈길로부터
자유로워진 적 없다
삶이 벽에 부딪쳐
주저앉고 싶을 때마다
그 눈길은 나를
일으켜 세워 앞으로
나아가게 했다

—「목말」 일부

시인의 '등 뒤에'는 '길다면 긴 세월' "꽂혀있는 눈길이 있다" 그러면 시인을 지켜보는 이 눈길은 누구의 것일까? "길다면 긴 세월 그 눈길로부터 자유로워진 적 없다"면 그것은 시인과 가장 가까운 사람의 시선일 것이다.

김화숙은 신인문학상 당선 소감에서 이렇게 말했다. "딸을 낳았을 때 성공한 여성이 되어 딸 삶의 본보기가 되어야겠다고 다짐했다."

시인의 이 말을 감안(勘案)하여 그녀가 어머니라는 시점에서 이 시를 읽으면 그것은 시인의 분신인 '딸의 눈길'이라는 것을 바로 알 수 있다. "삶의 벽에 부딪혀 주저앉고 싶을 때마다" 왜 그 눈길이 시인을 "일으켜 세워 앞으로 나아가게" 하는 동력이 되는지 그 원인도 자연히 알 수 있다. 그런 '눈길'이 지켜보고 있어서 시인은 멋진 엄마의 모습으로 설 수밖에 없었고 그래서 김화숙은 '시인'이 되는 길을 선택했을 것이다.

그렇게 김화숙이 시인으로 성장하는 사이 딸도 성장하여 엄마의 부속체(付屬體)로부터 하나의 독립된 인격체로 자라나 이제는 엄마를 초월해 더 먼 세계를 내다보려고 한다. 그래서 시인은 "이제는 그 시선이/ 나의 등을 타고 올라/ 더 먼 세상을/ 바라볼 수 있도록/ 등을 더 굽혀야겠다."라고 다지고 있다. 딸의 앞을 막기보다 딸이 오르기 쉽게 등을 굽혀주고 딸이 딛고 올라설 든든한 버팀목이 되기 위해서 시인은 시를 쓰고 시집을 낸다. 이렇게 보면 「목말」은 김화숙 시의 원초적 근원을 보여주는 시라고 볼 수 있다.

이 시가 사람들의 마음에 와닿는 것은 수많은 어머니의 마음을 담고 있기 때문이다. 살면서 힘들 때 모든 것을 포기하고 싶을 때 어머니들은 자식이 눈앞에 삼삼거려서 다시 힘을 내서 일어난다. 어머니들은 자신의 인생을 바쳐서 자식을 키우고 자신이 '디딤돌'이 되어 자식이 올라서게 하고 '버팀목'이 되어 자식을 바쳐준다. 그런 어머니의 본능적이면서도 헌신적인 모습이 잘 그려져서 읽어내려가는 사이에 눈물이 맺히게 된다.

어머니였기 때문에 어머니가 느낄 수 있는 감성을 시로 쓸 수 있었다.

지금껏 살아오면서 늘
소리 나는 쪽으로
눈길을 돌렸었지만
이젠 소리는 귀에 맡기고
자주 눈을 감는다
감은 눈으로

내 안에 길을 낸다
아버지가 가꾸던
텃밭을 날던 나비며 잠자리
교실 난로에다
고구마를 구워 먹던
유년의 친구들
사라져간 고향마을을
마음속 산책길에서
다시 만난다
사라진 것은 없고
단지 이사를 한 거였어

—「눈을 감으면」 전문

사람들은 누구나 추억이 있다. 이 시를 읽으면 우리는 저도 모르게 따라서 눈을 감고 옛고향, 옛일, 옛 친구들을 떠올리게 된다. 그리고는 그 모든 것이 사라진 것이 아니라 자기의 기억 속에 남아있음에 새삼스레 놀라게 된다. 오랜만의 향수에 마음이 따뜻해진다.

이것만으로도 이 시는 훌륭한 시이지만 이런 일반 감정을 넘어서 다시 한번 들여다보면 한층 깊은 뜻을 느껴볼 수 있다.

시인이 되기 전의 김화숙은 주위를 많이 의식하고 표면적인 것에 신경을 많이 쓰는 일반인이었다. 하지만 시인이 된 그는 외적인 것보다 마음에 눈길을 돌리게 되었다.

눈을 감으면 떠오르는 '아버지' '유년의 친구들' '고향마을', 이런 머릿속의 기억들이 '마음속'이라는 새집에 이사하여 시의 소재가 되었다. 일반 사람들의 기억이 머릿속에 저장된다면 시인의 기억은 마음속에 저장된다.

살아온 세월만큼 마음속의 집에는 그만큼 많은 기억이 살고들 있을 것이고 그래서 그의 시적 소재는 꺼내고 꺼내도 마르지 않는 것이다. 시를 쓴 시간에 대비해봐서 놀랄 정도의 많은 시를 써낼 수 있는 것도 그 때문일 것이다.

거기에다가 김화숙은 '마음속 주민'들의 이야기를 들여다볼 줄 아는 혜안을 지니고 있다. 이런 능력이 김화숙을 다산 작가로 만들었다고 볼 수 있다.

시인이 시를 쓴다는 것은 쉬운 일이 아니다. 많은 시인이 시를 쓰고 싶어도 쓰지 못하는 것은 그만큼 시가 쓰기 어렵기 때문이다. 시가 삶이 된 김화숙은 이 어려운 창작과정마저 형상화하여 시로 그려내었다.

시상이
도토리 떨어지듯
톡
머리 안에 떨어지면
사춘기 소녀처럼 화들짝
상상은 부풀어 오르고
시상이 시어로 몸을 바꾸어
비단결같이
곱게 빠져나가고 나면
바람 빠진 타이어가 되여
책상 앞에 한동안

우두커니
구겨져 있다.

—「창작의 길」 전문

무심히 주위를 살펴보다가 무심히 옛 기억들을 떠올리다가 “잠깐!” 뭔가에 스톱이 걸릴 때 시상이 생긴다. 멍하니 쳐다보던 나무에서 도토리 한 알이 ‘톡’ 이마 위에 떨어지듯이 그렇게 시상이 “머리 안에 떨어지면”서 상상을 깨운다. 상상은 볼 수도 만질 수도 없는 무형인 대신 마음껏 부풀릴 수 있는 자유로움을 가지고 있다. 그런 상상이 ‘시어’라는 옷을 입고 밖에 나올 때 사람들은 그 시적 형상을 볼 수 있다.

시상이 참신할수록 시적 상상이 풍부할수록 그 시는 사람들의 마음을 그러잡을 수 있을 것이고 예술적 향수(享受)를 느끼게 해줄 것이다.

그렇게 어려운 작업이라서 시가 빠져나가면 시인은 마음속의 빈자리 때문에 일시적인 허탈감을 느낄 수밖에 없다. 이렇듯 시를 쓰고 나면 ‘바람 빠진 타이어’ 같이 속이 비는 것이 모든 시인의 공통점이라 창작이 끝나면 공백기를 가지는 사람이 많다. 하지만 김화숙은 공백기가 별로 없이 금방 새롭게 바람을 채워 넣는 우점(優點)을 가지고 있다. 시 창작과정까지 시적 형상으로 승화시킬 정도로 시에 심취되어있으니 왜 그렇지 않겠는가.

“시는 삶 그 자체이다.”(「나의 문학관」, 『문학세계』 2019년 2월호)라는 시인의 말 그대로 시에 몰입해서 사는 시인의 모습이 그려지는 시이다.

시인이 되고 싶은 사람이라면 이 시를 잘 음미해보기 바란다.

김화숙 시인에게 "시란 무엇인가?" 묻는다면 시는 '심장'이라고 대답할 것 같다.

「참새와 시」를 읽으며 그런 감명을 받았다. '벽'은 원래 생명체가 아니다. 그런 "벽 구멍에/ 참새가 들어와 살면서/ 참새가 죽은 벽의/ 심장이 되었다" 참새가 울고 참새가 뛰어다니고 그렇게 벽은 생명체로 변한다.

김화숙도 시를 쓰기 전에는 그저 일반인이었다. 삶의 고단함에 "구멍 난 가슴에/ 바람만 드나들더니/ 어느 날부터/ 그곳에 시가 들어와/ 집을 마련했다" 그렇게 시를 쓰자 "가슴 뛰는 소리가/ 맑아져" 갔고 가슴의 구멍도 메워지었다. 인생에 목표가 생겼고 의미가 생겼고 즐거움이 생겼다. 참새가 있어서 벽이 생명을 갖게 되듯이 시가 있어서 새로운 인생을 살게 되었다. 이제 그의 인생에서 시는 생명과도 같은 것이 되었다.

그러면 그는 어떤 시를 쓰고 싶은 것인가?

「시가 꽃이 되지 못하는 이유」에서 시인은 '염좌의 꽃'을 빌어서 자신의 시론을 펼친다.

시인은 염좌가 힘든 환경 속에서 더 예쁜 꽃을 많이 피운다는 점에 초점을 맞추고 자기의 시에 대해서 평하고 있다.

스무 해 가까이 키우는 염좌는 "집안에 들여다 놓았을 때/ 잎은 두텁고 컸지만/ 꽃을 피우지 않았습니다"

그런 염좌가 “귀찮아 베란다에 그대로 두고/ 물도 제대로 주지 않았을 때/ 염좌는 꽃을 피웠습니다/ 폭설로 눈 속에 묻혔던 해/ 꽃을 가장 많이 피웠습니다”.

따뜻한 집안에서 시련 없이 산다면 편히 살 수는 있겠지만 그만큼 세상에 대해 아는 것이 없을 터이고 그만큼 세상에 대한 이해도 없을 것이다. 따라서 절실한 것도 없을 것이다. 하지만 비바람 불고 땡볕이 쪼이는 베란다에서 산다는 것은 그만큼 시련이 많다는 소리이고 세상에 내던져진다는 뜻이다. 그러니 살아가기 위해서 염좌는 자연히 바람이 불지, 비가 올지, 눈이 올지 걱정을 하며 살아남기 위해서 분투했을 것이다.

시인도 마찬가지이다. 세상사에 부대끼고 시련을 겪어보고 ‘방황’도 하고 ‘고독’도 경험해 보아야 삶의 절실함을 알 수 있게 될 것이고 세상에 눈을 돌리게 될 것이다. 그러면 이 세상의 부조리 불평등이 눈에 들어올 것이고 현실에 대한 분노의 외침을 토로하고 싶은 간절함이 생기게 되는 것이다.

염좌에게 꽃은
춥고 목이 말라 죽을 수도 있다는
절실함의 언어였습니다
내 시가 아직
꽃이 되지 못하고 있는 것은
나의 방황과 고독의 깊이가
땅에 닿지 못했나 봅니다.

—「시가 꽃이 되지 못하는 이유」 일부

'염좌의 꽃'이 살고 싶은 나무의 절실한 갈망의 표현이라면 '시'는 인간의 내심으로부터 터져 나오는 영혼의 소리여야 할 것이다. 그런 절실함이 영혼의 외침으로 터져 나올 때 시는 사람들의 마음을 울릴 수 있을 것이고 독자들도 최고의 카타르시스를 느낄 수 있을 것이다. 현실도피보다는 현실에 부딪혀 보려는 시인의 현실주의적인 시학을 적절히 표현하였다.

또한, 이 시는 시련을 겪은 사람이라야 진정한 행복을 알게 될 것이라는 인생의 철리를 가르쳐주고 있다. 이 시는 현실에서 살기 힘든 사람들에게 힘을 주고 사람들을 격려해주고 있다. 시인의 원래 목적을 초월해서 많은 사람에게 깨침을 주는 뜻깊은 시가 되었다.

이같이 김화숙은 자신이 무엇 때문에 시인이 되었고 무엇을 써왔는가에 대하여, 그리고 시란 무엇인가 하는 근본적인 문제를 다시 한번 성찰함으로써 자기의 시론을 구축하였다. 이제 6년의 시력(詩歷)밖에 가지고 있지 않은 시인이 이같이 완전한 자기 시론을 세웠다는 것도 놀라운 일인데 그 시가 시론으로서만이 아니라 일반적인 의미에서도 사람들에게 삶을 성찰하게 하는 힘을 가지고 있다는 것은 더욱 탄복할만한 일이다.

2. 삶과 죽음의 경계선에서 깨닫는 삶의 본질

"사람은 죽고 인생은 유한하다."라는 명제는 시인이

오랜 세월 고민하여 얻어낸 결론이다. "나는 누구인가, 나는 왜 태어났으며 어떻게 살고 어떻게 죽어야 하는가." 이런 질문들이 시인의 내심 속에서 되풀이가 되어 감기고 감기다가 시문(詩門)이 열리면 시가 되어 풀어져 나왔다.

바다는 해의 무덤
죽은 해가 아니었더라면
그 많은 해를 삼킨 바다는
불바다가 되어 다시
해를 출산하지 못하겠지

밤은 나의 무덤
그렇지 않고서야 매일 아침
전날 흑백영화 같은 생이 아닌
새롭고 경이로운 나를
만나지는 못하겠지.

—「무덤에서 깨어나다」 전문

「무덤에서 깨어나다」는 제목만 보면 너무 충격적인 시이다. 무덤에서 깨어나는 것은 흡혈귀인데, 처음에는 그런 의문을 가질 수도 있겠지만 시를 읽어내려가면서 독자는 전혀 그런 진부한 내용이 아님을 알게 된다.

예로부터 바다나 밤에 대한 시는 많으나 김화숙 시인 같이 독특한 시각으로 쓴 시는 별로 없다. 바다의 석양 하면 사람들은 처연하면서도 장엄한 아름다움을 상기한다. 그래서 흔히 사람들은 바다에 지는 해를 인생의 석양으로 비유하기를 좋아한다. 동요에서는 피곤해서 자러 간다고 귀엽게 묘사하기도 한다. 그런데 이 시에서 바다의 지는 해는 완전히 '죽은 해'라고 묘사되고 있다. 해가 죽어서 바다를 태워버리지 않았기 때문에 바다는 아침에 다시 해를 출산할 수 있고 따라서 "밤은 나의 무덤"이기 때문에 나는 모든 죽은 것을 버리고 "새롭고 경이로운 나를" 만날 수 있다.

죽음과 부활은 자연의 섭리이다. 지는 해와 뜨는 해, 밤과 낮은 이런 자연 섭리의 대표적 현상이다. 시인은 이 섭리를 빌어 자기에 대한 완전한 부정 철저한 성찰이 있어야만 새로운 '나'로 태어날 수 있다는 철리(哲理)를 말하고 있다. 시인의 남다른 철학적 세계관을 표현하는 시이다.

이와 비슷한 세계관을 담은 시로 「삶과 죽음의 동거」를 들 수 있다.

죽음을 기억하는 것
그리고 선하게 사는 것
톨스토이식 죽음의 극복법이다
내일 죽을 수도 있고
오늘 죽을 수도 있다
지금 이 순간일 수도 있다
그럼에도 나는 살아있다
축복이고 기적이다

—「삶과 죽음의 동거」 일부

「삶과 죽음의 동거」, 누구나 알고 있으면서도 흔히 잊어버리는 현실이다. '삶'은 표면에 드러나지만 '죽음'은 이면(裏面)에 숨어있기 때문에 못 본 척 외면하게 된다. 그런 의미에서 내가 살아있다는 것은 "축복이고 기적이다" 그런데 사람은 보이지 않는 '죽음'을 외면하고 잊어버리기 때문에 '삶'이 '축복'이고 '기적'이라는 것을 모르며 '삶'을 소중히 여기지 않는다. 시인이 "짬만 나면 걷고 뛰며/ 몸을 챙기는" 것은 단순한 운동이 아니라 "살아있는 시간을/ 긍정과 활기, 감동과 창조로/ 채워감으로서 죽음을/ 극복해 가고" 싶기 때문이다. 사람이 열심히 사는 것은 죽음이 무서워서가 아니라 죽음을 직시하고 인정하기 때문이다.

죽음의 본질로부터 삶의 의의를 도출해낸 철리적(哲理的)인 시이다.

사랑이 얼마나 위태로우면
결혼이란 울타리를 만들어
가두어 놓을까
죽음이 얼마나 두려우면
종교를 만들어
윤회를 꿈꿀까
삶이 얼마나 허망하면
시인이 되어
고독에 의미를 부여하고
생의 완성을 시도하려 할까
결혼도 종교도 시인도
어떻게 보면 허상일 수 있다
극치를 향한 삶은

욕심이기 전에 본능이다.

—「극치」 전문

삶과 죽음은 인생의 본질이다. 그 누구도 여기에서 벗어날 수 없지만 그래도 사람은 그 본질을 들여다보고 싶지 않다. 사랑은 왜 영원하지 않은가? 사람은 왜 죽는가? 나는 왜 고독한가? 이런 원초적인 두려움에서 벗어나기 위해서 만들어진 것이 '결혼'이고 '종교'이고 '시'이다. 설사 결혼이 사랑을 지키지 못하고 종교가 죽음을 막아주지 못하고 시가 고독을 사라지게 해주지는 못하지만, 인간은 그래도 노력하게 된다.

행복하려고 사랑하는 사람과 결혼하고, 삶에 의미를 부여하려고 종교에 의지하고, 고독한 삶에 윤택을 주고 생기를 주고 싶어서 시를 쓴다. 이 시는 그런 인간의 원초적인 공포를 초월하려는 본능을 찬양하고 있다. 삶의 '극치'는 죽음이다. 그래서 그 '극치'를 향해서 가면서도 삶에 의미를 부여하려 부단히 노력하는 인간의 '본능'은 긍정할만한 것이고 이런 본능이 있어서 인류는 발전하는 것이라고 말하고 있다.

사람은 태어나면서부터 삶과 죽음이라는 경계선에서 살아야 한다. 이는 누구나 다 알고 있는 진실이라서 그 때문에 인간은 늘 모순 속에서 살게 된다. "사랑하면서 사랑을 의심하고/ 살아가면서 삶을 논하고/ 죽어가면서 죽음을 생각하고/ … 오늘을 잘살고 있으면서/ 문이 열리지 않을 수도 있는/ 내일을 걱정하는/ 끝없는 모순의 삶”(「모순에서 길을 찾다」)을 살고 있다.

이같이 모순적인 삶은 불안을 부르고 그래서 사는 것이 힘들다. 가장 행복한 순간에도 사람은 이 행복이 깨어질까 걱정하느라 행복을 만끽하지 못한다. 그러함에도 불구하고 사람이 살아갈 수 있는 것은 시인이 주장하는 바와 같이 “길은 항상 있다”라는 신념이 있기 때문이다. 어떤 모순 속에서도 거기에서 해탈할 수 있는 ‘길’이 있다는 것은 “내일에는 내일의 태양이 뜬다”라는 말과 일맥상통하다. 아무리 불안하고 힘든 삶이라도 “길은 항상 있다.”라는 것을 믿고 ‘내일의 태양’을 기다린다면 사람은 오늘을 씩씩하게 살아갈 수 있을 것이다.

그래서 시인은 「비보」에서 암으로 죽은 제자의 비보가 “비수가 되어 가슴에 꽂혔”지만 “죽음은 현실이며/ 삶과 동행하는 친구이기에/ 누군가의 죽음은/ 삶의 손실이 되지만/ 내 삶을 견고하게/ 무장 시켜 주기도 한다”라고 말할 수 있었다.

삶과 죽음의 경계선에서 삶의 본질을 깨달았기 때문에 시인은 많은 시에서 현실에서의 탐욕 집착 같은 무용한 욕심을 버릴 것을 권고했다. 「주먹의 의미」에서는 “주먹을 꼭 쥐고/ 세상에 태어난” 아기같이 “갖고 있는 모든 것을/ 삶에서 밀어내고 싶다”라고 하였고 「진리 앞에서」는 “가지고 있는 것들을/ 훌훌 버리지는 못하더라도/ 더 이상 욕심내지는 말자”라고 자신을 경계하고 있으며 「답 아닌 답」에서 비록 삶의 ‘흔적’들을 “끝없이 버리며 살아왔지만/ 아무리 외면하려 해도/ 숙명처럼 따라붙는 낮달처럼/ 버려도 버려진 것이 아니었"지만, 그래도 "딱 한 번뿐인 생이라는 걸/ 순간도 잊지 않고 사는 것이라고" 딸에게 가르친다. 답 없는 인생이지만 그래도 후회 없이 살려고 노력해야 한다는 시인의 인생 모토가 보인다.

인생은 기나긴 여행이다. 그 긴 여행에서 사람은 많은 후회도 하게 된다. 그럴 때 떠오르는 것이 시간여행이다.

한발 한발 길을 가듯
하루하루 살아왔기에
시간여행이란
살아버린 어느 구간을
거슬러 걸어보는 일이라 여겼다
문학의 길을 돌아보며
두문불출 고민하다가 알았다
시간여행이란
수직으로 내려가는 일
생의 뿌리 끝까지 내려가
실뿌리 하나하나까지
살펴보는 일
삶의 열정과 의욕을
충전시켜줄 그 무엇을
다시 찾아가는 길임을

—「시간여행」 전문

'시간여행', 하면 사람들은 판타지를 떠올린다. 오늘의 불행을 막기 위해서 보다 행복한 오늘을 만들기 위해서 사람들은 과거의 어느 시점으로 돌아가기를 원한다. 인과관계 원리로 지난날의 착오가 지금의 불행을 만들었다고 생각하기 때문이다. 또한, 사람은 인생의 어느 지점에 이르렀을 때 지나간 발자취를 따라가며 과거를 추억하게 된다. 과거의 행복했던 일, 슬펐던 일, 힘들었던 일들을 떠올리며 오늘에 의미를 부여하는 것이다.

그런데 김화숙은 이런 횡단적인 여행이 아니라 "생의 뿌리 끝까지 내려가"는 종단적인 여행을 하였다. 사람들이 오늘을 위해서 과거에 돌아갈 때 시인은 미래를 위해서 '생의 뿌리'까지 내려갔다. '과거'를 고친다는 것은 판타지로서 자기 위안일 뿐이지만 '생의 뿌리'를 살펴보는 일은 미래를 위하여 나아갈 "삶의 열정과 의욕을/ 충전시켜줄" 힘을 얻는 것이니 어느 것이 더 생산적인지는 뻔한 일이다.

일반 사유를 초월한 시인의 미래지향적인 성향을 보여주는 시이다. 과거에 매어 오늘만 생각하는 사람은 한치 보기에 제자리걸음만 하게 될 것이나 미래를 생각하고 삶의 근본적인 의미를 아는 사람은 미래를 향하여 쑥쑥 나아가게 될 것이기 때문이다.

시간여행만이 아니라 시인은 현실에서의 여행을 통해서도 "오로지 산과 들을 맛보고 오리/ 눈동자까지 파랗게 물든/ 젊은 나무가 되어/ 돌아오리라"(「여행수

첩」)라고 자연 속에서 젊음을 되찾고 부활하고 싶은 마음을 표현했고 도시의 소음 속에서 '벙어리'가 된 '나'가 "풀벌레 소리 파도 소리/ 숲속을 지나는 바람 소리/ 풍경 소리 새 소리" 같은 자연의 소리를 들었을 때 "자연의 소리가 마중물 되어/ 고갈되던 내안의 소리가/ 꾀꼴새 노래되어 흘러나온다"(「여행의 목적」)라며 "여행의 목적은/ 내 안의 소리를 깨우는 일/ 살아있음을 감지하고/ 감탄하고/ 축복하는 일"이라고 말한다. 자연 속에서 마음을 치유하고 또다시 열심히 살아가려는 삶의 의욕을 표현하였다.

김화숙 시인은 이같이 자기의 시에서 '삶'과 '죽음'이라는 인생의 본질을 말해주는 무거운 주제를 취급하고 있지만, 사람들에게 무겁고 어두운 기운이 아니라 열정과 의욕을 부르는 밝은 기운을 전해주고 있다. 그의 시는 사람들에게 왜 '삶'에 가치가 있는지를 알려주고 있어서 읽고 나면 저도 모르게 머리를 끄덕이게 되고 힘과 신심을 얻게 되고 미래를 믿게 된다. 그런 의미에서 김화숙의 시가 독자들의 인생에 도움이 되는 긍정적인 시라는 점을 지적하지 않을 수 없다.

3. 디아스포라의 삶의 방식

김화숙 시인은 한국문단에서 데뷔했으나 전형적인 디아스포라 삶을 사는 시인이다. 중국에서 이민 3세로 태어났고 일본에서 재일교포로 살고 있다. 그의 인생 전체가 디아스포라이기 때문에 그런 소수자의 정서가 그의 시에 반영되지 않을 수 없다.

나무의 뿌리는
땅속 흙을 먹고 살고
비의 주소는 하늘이지만
그 뿌리 또한 땅에 있다
나는 나의 뿌리를
어디에 내려놓을지 몰라
늘 가지고 다닌다.
디아스포라의 삶은
어디를 가든 이방인이기에
뿌리 내릴 곳을 찾아
방황하며 산다
나의 뿌리는
꼬리인 양 잘 숨겨져
안으로 길을 낸다

—「디아스포라의 삶」 전문

'나무의 뿌리'는 땅속에 내려있고 '비'는 하늘에서 내리니 하늘이 주소라고 할 수 있겠지만, 그도 땅의 수증기가 올라가서 만들어진 것이니 결국 뿌리는 땅에 있는 셈이다.

그런데 '나'의 뿌리는 어느 땅에도 내릴 수가 없어서 "늘 가지고 다닌다." 그래서 '나'는 "어디를 가든 이방인"이다. 태어난 곳에도 지금 사는 곳에도 완전히 뿌리를 내릴 수 없어서 '방황'할 수밖에 없다. 디아스포라의 삶이 너무 진실하게 그려지었다.

어느 땅에도 뿌리를 내릴 수 없는 '나'는 결국 "안으로 길을 낸다." 그러면 '안'으로 낸 길은 어디를 향해 있는가?

그 해답을 김화숙은 「내 아버지」란 산문시에서 하고 있다. 시인은 자기의 필명을 아버지가 지어준 이름 '김화숙'을 그대로 쓰고 있다고 하면서 아버지가 "언어를 잃으면 민족을 잃는 것이다 습관처럼 말씀하시며/ 중국 조선족 잡거지구에다 조선족학교를 세워 평생을 지켜"왔기 때문에 그도 한글을 사랑한다고 하였다.

이런 시인의 한글사랑은 "아버지 평생 삶의 흔적을 지키는 일이고/ 민족을 사랑하는 것이며 아버지를 사랑하는 것"이다. 즉 김화숙의 민족의식의 뿌리는 한글을 지켜온 아버지에게서 이어받은 것이고 그렇기에 그가 '안'으로 낸 길은 아버지에게로 통하고 있으며 고국으로 통하고 있다. 이런 의식이 그의 문학의 근간(根幹)이 되고 있으며 그래서 "나의 문학은 고국을 향한 부르짖음"(「나의 문학관」)이라고 단언한 것이다.

김화숙 시인의 고국에 대한 사랑은 「동생이 보내온 사진」에서 잘 표현되고 있다.

울산 사는 동생이
간절곶 일출 사진을 보내왔다
소금 먹은 바닷바람이

몸통을 통과하더니
날개 떨어진 곳이
몇 번 파닥거렸다
간절곶을 가보지 않았더라면
간절의 의미와 새날의 기운을
사진 몇 장에서
되새김질을 못 했을 것이다
그곳에 다시 서 있지 않더라도
언제나
나의 간절한 기도이며
하루를 시작하는 힘이다.

—「동생이 보내온 사진」 전문

'간절곶에 해가 떠야 한반도에 새벽에 온다'라는 말이 있다. 동북아에서 가장 해가 일찍 뜨는 간절곶은 울산 여행에서 빠지지 않는 명소로서 새해 첫날을 먼저 맞이하고자 하는 이들이 찾아가는 곳이라고 한다. 그런 여행자들 속에 시인도 있었을 것이다.

"간절곶을 가보지 않았더라면/ 간절의 의미와 새날의 기운을/ 사진 몇 장에서/ 되새김질을 못 했을 것이다."라는 구절에서 독자들은 시인이 그곳에서 해돋이를 본 경험이 있다는 것은 보아낼 수 있다. 그곳에서 시인은 자신의 인생을, 자신의 시를 다시 한번 돌이켜 보았을 것이고 새로운 출발을 다짐하였을 것이다. 간절곶이 이같이 시인에게 있어서 의미가 있는 곳이기 때문에 동생도 누님에게 일출 사진을 보냈을 것이다.

고국에서 제일 먼저 해가 뜨는 곳이라서 간절곶은

고국의 아침을 상징하며 그래서 시인은 "그곳에 다시서 있지 않더라도/ 언제나/ 나의 간절한 기도이며/ 하루를 시작하는 힘이다."라고 간절곶을 생각한다.

고국에 있지 않아도 고국의 아침과 함께 하루를 시작하는 시인의 마음에 간절곶의 첫 햇살이 밝게 스며드는 느낌이다. 재외동포라서 더 간절한 간절곶 해돋이이다.

한국으로 고국여행 갔을 때
이촌역에서 전차를 기다리다
올여름 첫
매미 우는 소리를 들었습니다
어제는 집 근처 단골 밥집에서
점심을 먹고 나오다
매미 울음소리에 화들짝 했습니다
매미의 절규는
고국의 하늘을 끌어왔고
이촌역을 통째로 옮겨왔고
그날 옆에 있던 당신을
보쌈해서 데려다 놓았습니다

—「매미가 우니」 일부

시인은 이 여름의 첫 매미 소리를 고국에서 들은 것 같다. 돌아와서 다시 매미 소리를 들으니 '매미의 절규'는 이국땅에 '고국의 하늘' '이촌역' '그날 옆에 있던 당신'까지 '보쌈해서' 데려다 놓는다. 사물연접법으로 바다 건너에 있는 고국을 연결해서 고국에 대한 그리움을 시적으로 표현하였다. 너무 기발하고 아름다운 표현이다.

그뿐만 아니라 매미 울음소리는 "동년의 나를 불러왔고/ 그늘 밑에서 먼지 날리며/ 공기놀이하던 친구들을/ 다시 불러 모아주었습니다."라고 시인은 쓰고 있다.

매미 울음소리 하나로 고국을 마음속에 옮겨다가 그리움을 표현하고 동년(童年)의 추억을 불러오는 이런 감성은 고국을 멀리 떨어져 이국땅에 사는 디아스포라만이 느낄 수 있는 감성이다. 이같이 공간적으로 먼 거리를 심적으로 가깝게 끌어옴으로써 강렬한 그리움을 서정적으로 표현할 수 있었다.

더욱이 그런 매미 울음소리를 따라 "잠자고 있던 지난 추억들이/ 하나둘 일어나 내 옆에 앉습니다"라고 한 표현은 기억의 저쪽에 잠자던 추억이 하나하나 떠오르는 모습을 형상화하여 묘사하고 있다. 무형의 '추억'이 의인화되어 살아서 움직임을 보여주고 있는데 추억이 하나하나 나타나는 정경을 영상으로 보여주고 있어서 상상하지 않아도 눈에 보인다. '추억이 떠오른다'라는 흔한 표현보다 추억이 떠오르는 정경을 훨씬 생동하게 표현할 수 있었다. 내용상으로도 예술성으로도 뛰어난 시이다.

시인의 시선은 자기의 내심 세계에만 머문 것이 아니다. 자기 주변에서 마찬가지로 디아스포라의 삶을 살아가고 있는 사람들에게도 시선이 미친다. 「후반기」가 그런 시이다.

일본에는 한식당이 많이 있다. 그런데 그 식당들의 주인들이 다 부자가 되는 것은 아니다. "일본에 건너와 쭈우욱/ 두 손 물 마를 틈 없었던/ 한식집 마담", 그녀가 처음 현해탄을 건널 때는 꿈이 컸을 것이다. 돈을 많이 모아 부모님께 효도하고 형제자매 뒷바라지 잘해서 출세시키고 자기도 부잣집 마님이 되어 잘 먹고 잘 살 거라는 꿈에 마음이 뛰었을 것이다.

그렇게 10년이 지나고 20년이 지나고 30년이 되니 칠흑 같던 검은 머리는 염색에 시들어 푸시시 해졌고 대파같이 하얗고 가늘던 손가락은 마디가 나오고 손톱 끝이 꺼칠해 지었다. 남의 땅에서 이방인이라 괄시받으며 일생을 억척같이 일하며 벌었건만 남은 돈으로는 번화한 도쿄에서 집 한 칸 마련할 형편도 못 되어 "집세가 이곳보다 반은 싸"다는 시골로 이사 가야 한다. 고국에 돌아가고 싶어도 고향에는 반겨줄 만한 사람도 없어서 돌아갈 수 없다.

일생을 일했지만 남은 것이란 늙고 병든 몸뿐이어서 지방이나 시골로 "저무는 삶을 끌고 가는" 이가 어찌 '한식집 마담' 뿐이겠는가. 그래서 시인은 "또 하나의 나를 본다."라는 표현으로 그것이 수많은 디아스포라의 운명이고 모습이라는 것을 보여주었다. 하나의 개별적인 형상을 통하여 일반을 보여줌으로써 전형성을 띠게 하였다.

김화숙에게 있어서 고국은 「아픈 이름」이고 「환한 이름」이다.

"나를 깨우고 흐르게 하여/ 삶의 찬가를 부르게도 하지만/ 먼 과거로부터/ 아득한 미래에로의 장정/ 그 어느 거리에서/ 춤추며 걷고 있는 나를 깨닫게 해주는/ 아픈 이름이기도 하다." 고국이 있어서 '삶의 찬가'를 부를 수 있지만 '나'가 과거에도 지금도 미래에도 이국 땅에 사는 디아스포라라는 것을 '깨닫게 해주는', 그래서 '아픈 이름'이다.

다른 일면 "오랜 풍상의 세월"에 많은 이름이 스치고 있지만 "뿌리와 힘줄이 생명줄이듯/ 내가 부를 수 있는 이름/ 내 여생의 생명줄이 되어줄" '환한 이름'은 고국뿐이다.

고국에 대한 절절한 사랑이 느껴지는 시들이다.

만약 이 시들을 디아스포라의 시각이 아니라 일반 시각으로 읽는다면 사랑을 읊은 시가 된다. 사랑해본 사람이라면 누구에게나 '아픈 이름'과 '환한 이름'이 있을 것이니 말이다. 시의 주인이 독자라는 관점에서 보면 읽는 사람에 따라 느끼는 감정이 다를 것이니 그런 면에서 이 시들은 넓은 독자층에서 읽힐 수 있는 시이다.

디아스포라의 운명을 지닌 김화숙 시인, 그의 시에서 디아스포라 의식은 배제할 수 없는 주제이다. 다만 시인이 그런 디아스포라의 유동성에 밀리지 말고 뿌리를 민족의식에 굳건히 내리고 디아스포라의 삶을 철저히 투시한다면 그의 시는 디아스포라의 범위를 초월해서 넓은 세상에서 자기의 빛을 발할 것이다.

4. 다시 시로 태어나다

세상의 만물이 다시 태어나는 계절은 봄이다. 「봄비 연가」는 이런 봄이라는 계절의 특수성을 빌어서 시의 탄생을 노래한 시이다.

산과 들을 찾아
봄을 노래하던 빗 님이
고맙게도 내가 사는
이곳에도 찾아와
똑똑똑 내 마음을 두드린다
선택된 땅을 걷고 있는 나도
봄에게 선택된 존재
우산 밖으로 손을 내밀어
비오는 풍경을 만진다
꽃이 경계에서 피어나듯
풍경과 나 사이에
꽃처럼 시가 피겠다

—「봄비 연가」 전문

봄비는 만물의 생장을 촉진하는 생명수로서 그런 봄비가 "똑똑똑 내 마음을 두드린다". 즉 시인에게 새 시를 쓰라고 그렇게 독촉하고 있다. 그런 문 두드리는 소리에 시인의 마음이 깨어나서 세상을 살펴보게 된다.

"우산 밖으로 손을 내밀어 비 오는 풍경을 만진다"는 그런 세상과의 접촉 관찰을 말하는데 여기서 '풍경'은 원래 만져지는 물체가 아님에도 불구하고 시인이 '만진다'라고 표현함으로써 세상과의 접촉감이 생생하게 살아났다.

그런 관찰과 접촉을 통해 시를 만들 수 있는 재료가 준비되었기에 "풍경과 나 사이에/ 꽃처럼 시가 피겠다"라고 시의 탄생을 예고하였다.

더욱이 "꽃처럼 시가 피겠다"란 표현에서는 '꽃처럼'과 '피겠다' 사이에 '시'를 접목함으로써 "시가 피겠다"라는 이미지가 강해지면서 '시'가 독자들의 눈 앞에 펼쳐지는 과정이 꽃이 피는 정경과 겹치게 하였다. 이같이 '시'에 해당한 동사 '쓰다' 대신에 '꽃'에 해당하는 동사 '피다'를 접함으로써 사람들이 흔히 쓰는 "시가 꽃처럼 피겠다"라는 일반적 비유의 평면적인 표현에서 벗어날 수 있었고 '시'에 생명력을 부여할 수 있어서 살아 움직이는 동적인 형상을 만들어 냈다. 단어의 위치를 바꾸는 간단한 작업으로 시적 표현이 몇 배로 생동감이 있게 되었다.

그리고 '시'를 '꽃'에 비유한 것도 봄이라는 계절 언어와 잘 어울려서 독자들에게 '새로운 탄생'이라는 이미지가 강하게 어필될 수 있게 하였다.

「봄에 내가 하는 일」에서도 시인은 꽃을 통해서 시를 말하고 있다.

"잔치하듯 피어나는 들꽃들을/ 축하하며 바라보는 일"에서 세상을 관찰하는 시인의 모습을, "바라보고 있다가/ 꽃들의 유혹에 넘어가는 일"에서 시를 쓸 충동이 생기었음을, "나도 꽃이 되어/ 사람들을 부르고 유혹하는 일"에서 시를 쓰는 과정을, 「사람들 가슴을 불러다/ 꽃을 달아주는 일"에서 시로 사람들을 감동하게 하는 것을, "세상을 꽃밭으로 만드는 일"에서 시로 세상을 아름답게 하고 싶은 시인의 염원을 보여주고 있다.

「봄의 초대」에서는 "봄 마중 떠나기도 전에/ 봄의 포로가 되어버린 나는/ 산소 같은 시들만/ 폭포처럼 시시시시 웃네"라고 쓰고 있는데 사람들이 봄맞이로 들떠 있을 때 어느새 시의 '포로'가 된 시인의 모습이 그려지고 있다. 시인의 봄날에는 시가 '산소'가 되고 그렇게 살다 보니 끊임없이 시가 쏟아져서 '폭포' 가 된다. 더욱이 시가 "시시시시 웃네"는 동음이의어를 사용하여 시를 쓰는 기쁨을 표현하였기에 유머감도 높아졌다.

「고목에 꽃 피듯」도 시의 탄생을 고목에 핀 '꽃'으로 비유하며 "외할머니가 된 내 몸에서/ 소녀가 봄을 물고/ 사뿐 나오고 있습니다"라고 '소녀'에 시의 탄생을 은유하였다. '고목'과 '꽃', '외할머니'와 '소녀' 이런 대조적인 어휘들을 통해서 늦게 시를 시작했으나 시를 통해서 새로운 청춘을 맞이하게 된 기쁨을 표현하였다.

그러면 시인은 어떤 시인이 되려고 하는가?

오므렸던 입술을
더는 벌릴 수 없을 만큼
활짝 핀 들꽃
태어날 때 꼭 쥐고 있던 주먹을

힘껏 열어 늘어뜨린 손

화강암 같던 내가 깨지고
그곳에 우리가 들어서는 일
번뇌의 삶이
천길 벼랑 같던 사색의 길에
돌 하나가 똑 떨어지듯
얻게 되는 단순함

—「완성」 전문

꽃은 활짝 피었을 때 나비나 꿀벌을 맞게 되고 사람은 자기가 틀어쥐고 있던 것을 놓았을 때 열린 손에 자유가 들어온다. "화강암 같던 내가" 내 안에 갇혀있을 때 나는 "번뇌의 삶"을 살아야 했다. 그러나 그 벽이 깨지고 그곳에 '우리'가 들어섰을 때 나는 세상을 받아들이었고 번뇌 대신 '단순함'을 얻게 된다. '단순함'은 자유를 가져다준다. 이같이 속박된 자아의 틀을 깨버리는 것이 사람들이 자유를 얻는 방법이라면 시인에게 이런 단순함과 자유를 가져다주는 열쇠는 '시'이다.

세상을 받아들이기 위해서 시인은 "내 삶에도 작지만/ 많은 문을 열어놓기로 했습니다/ 세상의 많은 바람을/ 무서워하지 않고/ 반기고 때로는 흘려보낼 수 있는/ 열린 문을 가지고 살려고요"(「모자의 가르침」)라고 열린 삶을 살려는 의지를 표현하였다. 세상을 위한 시를 쓰려면 먼저 세상을 받아들일 수 있는 열린 마음이 있어야 해서이다.

그렇게 열린 마음을 가진 사람만이 자신을 제대로 들여다볼 수 있게 된다. 그러면 자기 영혼 속의 “쓸어내고 닦아내도/ 끝없이 쌓이는” “끝없는 욕심과 집착”을 보아낼 수 있고 “오늘이 생의 마지막인 것처럼/ 버리고 비우는” 것을 통해서 “나의 중심을 볼 수 있고/ 죽음 앞에서 나만의/ 꽃을 피워낼 수 있다.”(「꽃을 피우기 위해」) 끊임없이 버리는 자기 수련을 거쳐야 인간으로서 성장할 수 있고 세상을 향한 세상 사람들을 위해서 시를 쓰는 시인이 될 수 있는 것이다.

시인이 되는 조건이 “밖으로 향하던 시선을/ 내면의 세계로” 돌려 ‘물욕’이나 ‘경쟁’을 버리는 것이라 할 때 “모든 사람이 시인이 되면” 그 세상은 깨끗하고 평화로운 세상이 될 것이다. 물론 “시인이란 말도 사라질 것” 이지만 대신 ‘사랑’이란 말이 세상에 넘칠 것이다. 그래서 시인은 「시인이 없는 세상을 꿈꾸다」라는 사람을 놀라게 하는 시를 썼다. 판타지 같지만 한번 꿈꿔볼 만한 세상이다.

사람은 땅 위에서 살면서도 늘 비상을 꿈꾼다.

길이 끝나는 곳은
천 길 낭떠러지일 것이다
바닥으로 떨어져
모래알처럼 흩어지지 않으려면
끝을 만나기 전에
날개를 키워야 할 것이다

반쯤 곤두박질치다가
스스로 날개를 펴
우주를 들어 올리는
비상을 상상해 보라
온 우주가 품 안에 들어오고
온 우주에 음악이 흘러나오면
스스로 우주가 된 기쁨에
자유를 만끽할 것이다

—「비상을 꿈꾸며」 전문

그래서 '비상'은 모든 사람의 꿈이다. 사람은 걷게 태어났기에 자신의 두 다리로 걸을 수밖에 없다. 그런데 사람이 그렇게 걷기만 한다면 언젠가는 "길이 끝나는 곳"에 이르게 되어 더는 앞으로 나아갈 수 없게 될 것이다. 그런 비극에서 벗어나기 위해서 사람은 "날개를 키워야 할 것이다" 지금 숨 막히는 교실에서 따분한 공부에 힘든 학생들도, 늦은 밤까지 아르바이트하며 취업준비 하는 젊은이들도, 만원 전철에 치이고 상사에게 치이고 하루하루 일에 지치는 회사원들도 언젠가는 날아가고 싶은 곳이 있어서 힘을 키우며 오늘을 버티는 것이다. 마찬가지로 시인에게는 시로 세상을 아름답게 만들고 싶은 꿈이 있다.

그래서 사람은 끝없이 노력한다. 하여 어느 날 꿈이 이뤄져 비상한다면 "온 우주가 품 안에 들어"오는 장엄한 경험을 하게 될 것이고 "온 우주에 음악이 흘러나오면/ 스스로 우주가 된 기쁨에/ 자유를 만끽할 것이다."

그래서 시인은 자유를 위해서 "비상을 상상해 보라"고 사람들에게 호소하고 있다.

시인도 자신의 날개를 다듬고 있다. 더 높은 비상을 위해서 더 튼튼한 날개를 키우기 위해서 열심히 시를 쓰고 있다.

5. 결론

김화숙 시인의 제3시집 『날개는 꿈이 아니다』는 시인이 인생과 시에 대한 깊은 성찰을 통해 삶의 본질을 투시하고 그런 삶의 본질을 투영한 주옥같은 시로 묶어졌다.

삶의 본질에 대한 깊은 성찰이 있었기 때문에 시에 대한 투철한 비판 의식이 생겼고, 그로부터 어떤 시를 쓰는 시인이 될 것인가에 대한 심각한 고민을 할 수 있었다. 결과 한층 업그레이드한 시들이 탄생 될 수 있었다.

다리를 가졌으니
걷는 꿈을 꾸면 쉬웠을 텐데
날개도 없으면서
줄곧 나는 꿈만 꾸었다
날개를 가진 자들에게
나는 것은 꿈이 아니고
생존을 위한 몸짓이고
다만 화려하게 보일 뿐이다
제대로 걸음마 하는 법부터

다시 배워볼 참이다
대리석 같은 다리에 의지해
던져놓은 그물을 건져 올리듯
걸음이 담아내는 풍경을
시로 그려가면서
더 이상 날개가 꿈이 아닌
삶의 완성을 엿본다.

—「날개는 꿈이 아니다」 전문

태어나면서부터 날개를 가진 새들에게 있어서 '날개'는 꿈이 아니라 "생존을 위한 몸짓"일 뿐이다. 하지만 인간에게 있어서 '날개'는 꿈이다. 세상 사람들의 능력이 천차만별이듯이 사람마다 꾸는 꿈이 다르고 가지고 싶은 날개가 다를 것이다.

시인에게 있어서 시는 날개이다. 시인도 걷기로 태어난 사람이기에 '걸음마' 하는 법부터 제대로 배우고 "던져놓은 그물을 건져 올리듯/ 걸음이 담아내는 풍경을/ 시로 그려가면서" 부지런히 시를 썼다.

이제 그의 삶에서 시는 더는 '꿈'이 아니고 삶 그 자체가 되었다.

시인이 이미 '시'라는 '날개'를 가졌으니 이제 더 높이 날아오를 일만 남았다. 시인이 높은 하늘에 날아올라 온 우주를 품에 안게 될 때 그의 "삶"은 '완성'될 것이다.

김화숙 시인의 날개가 더 크게 더 튼튼하게 자라기를 기원한다.

문학세계대표작가선 896

날개는 꿈이 아니다

김화숙 제3시집

인쇄 1판 1쇄 2019년 9월 4일
발행 1판 1쇄 2019년 9월 11일

지 은 이 : 김화숙
펴 낸 이 : 김천우
펴 낸 곳 : 도서출판 천우
등 록 : 1992. 2. 15. 제1-1307호
주 소 : 서울시 성동구 무학봉28길 6 금용빌딩 2F
전 화 : 02)2298-7661
팩 스 : 02)2298-7665
http://moonhak.wla.or.kr
E-mail : chunwo@hanmail.net

값 10,000원

ISBN 978-89-7954-778-8

이 도서의 국립중앙도서관 출판예정도서목록(CIP)은 서지정보유통지원시스템 홈페이지(http://seoji.nl.go.kr)와 국가자료공동목록시스템(http://www.nl.go.kr/kolisnet)에서 이용하실 수 있습니다. (CIP제어번호: CIP2019032283)